BEI GRIN MACHT SICH IHR WISSEN BEZAHLT

Anke Schepers

Einführung in das Gesprächsanalytische Transkriptionssystem 2 (GAT 2)

GRIN Verlag

Bibliografische Information der Deutschen Nationalbibliothek:

Die Deutsche Bibliothek verzeichnet diese Publikation in der Deutschen National-
bibliografie; detaillierte bibliografische Daten sind im Internet über http://dnb.d-
nb.de/ abrufbar.

Impressum:

Copyright © 2011 GRIN Verlag GmbH
Druck und Bindung: Books on Demand GmbH, Norderstedt Germany
ISBN: 978-3-656-23886-7

Dieses Buch bei GRIN:

http://www.grin.com/de/e-book/197282/einfuehrung-in-das-gespraechsanalytische-
transkriptionssystem-2-gat-2

GRIN - Your knowledge has value

Der GRIN Verlag publiziert seit 1998 wissenschaftliche Arbeiten von Studenten, Hochschullehrern und anderen Akademikern als eBook und gedrucktes Buch. Die Verlagswebsite www.grin.com ist die ideale Plattform zur Veröffentlichung von Hausarbeiten, Abschlussarbeiten, wissenschaftlichen Aufsätzen, Dissertationen und Fachbüchern.

Besuchen Sie uns im Internet:

http://www.grin.com/

http://www.facebook.com/grincom

http://www.twitter.com/grin_com

Stiftung Universität Hildesheim – Institut für deutsche Sprache und Literatur

Seminar: Strukturen und Funktionen gesprochener Sprache
Bachelor AM I
WS 2010/11

Einführung in das Gesprächsanalytische
Transkriptionssystem 2 (GAT 2)

(vorgelegt am 21.03.2011)

Inhaltsverzeichnis

1. Einleitung

In dieser Arbeit soll es um die Präsentation des Gesprächsanalytischen Transkriptionssystems 2 (GAT 2) gehen. Einleitend wird die Entwicklung des GAT 2 kurz umrissen, im Folgenden sollen Kriterien für Transkripte sowie die allgemeine Struktur vorgestellt und erläutert werden. Die weiteren Ausführungen gehen auf das Basistranskript und dessen Konventionen ein. Abschließend wird die Anwendung der Transkriptionskonventionen des Basistranskripts anhand eines Beispiels gezeigt.

2. Das Gesprächsanalytische Transkriptionssystem

Seit 1998 existiert die erste Form des Gesprächsanalytischen Transkriptionssystems. Mit dem GAT wurde ein Versuch der Vereinheitlichung von Transkriptionsprinzipien angestrebt. Daher hat eine Gruppe von Linguisten einen

> „Vorschlag für ein einheitliches gesprächsanalytisches Transkriptionssystem erarbeitet, das keine stark theoriegebundenen Vorannahmen macht und daher von Linguistinnen und Linguisten unterschiedlicher theoretischer Zugehörigkeit verwendet werden kann"
> (Selting et al. 1998: 2).

Eine umfassende Überarbeitung dieses Systems wurde 2009 von Selting et al. vorgenommen und veröffentlicht. Das GAT 2 soll „Zweifelsfälle klären und dort vorsichtig Veränderungen oder Ergänzungen vornehmen, wo sich in der Praxis Schwächen von GAT gezeigt haben." (Selting et al. 2009: 354). Mit GAT 2 gibt es nun drei Detailliertheitsstufen, auf denen Transkripte erstellt werden: das Minimal- , das Basis- sowie das Feintranskript.

Sowohl bei GAT 1, als auch bei GAT 2 geht es um „die Festlegung von Mindeststandards für linguistische Publikationen" (ebd.: 356).

2.1 Transkriptionskriterien

Für das Transkriptionssystem wurden folgende sechs Kriterien entwickelt: Ausbaubarkeit, Lesbarkeit, Eindeutigkeit, Ikonizität, Relevanz und formbezogene Parametrisierung. Das Kriterium der *Ausbaubarkeit* bzw. Verfeinerbarkeit besagt, dass ein Transkript einer bestimmten Detailliertheitsstufe ausbaubar sein muss, ohne dass die weniger differenzierte Version revidiert wird. Man spricht hier auch vom *Zwiebelprinzip*. *Lesbarkeit* soll heißen, dass ein Transkript auch für Nicht- Linguisten lesbar sein soll. Das heißt: spezielle Darstellungsweisen wie z.b. phonetische Umschrift sind zu vermeiden. Mit der *Eindeutigkeit* wird festgelegt, dass jedes auditive Phänomen pro Detailliertheitsstufe ein klar zugeordnetes und definiertes Transkriptionszeichen besitzt. Das Transkriptionssystem soll hierfür genaue Anweisungen geben. Des Weiteren sollen die festgelegten Zeichen ikonischen Prinzipen folgen und nicht völlig arbiträr sein. Dieses wird mit der *Ikonizität* beschrieben. Durch die *Relevanz* wird vorgegeben, dass nur die Phänomene dargestellt werden sollen, die für die Interpretation und Analyse der Interaktion wichtig sind. Schließlich, so wird es durch die *formbezogene Parametrisierung* festgelegt, sollen keine interpretierenden Kommentare im Transkript vorhanden sein. Stattdessen sollen die Einzelparameter, die dieser Interpretation zugrunde liegen, dargestellt werden (vgl. Selting et al. 2009: 356f.).

2.2 Die allgemeine Struktur eines Transkripts

Grundsätzlich wird ein Transkript eingeteilt in *Transkriptionskopf* und *Gesprächstranskript*. Im Transkriptionskopf werden „wesentliche Angaben über die Beteiligten des Gesprächs, ihre Beziehung zueinander, Art, Ort und Zeit der Aufnahme" (TeachSam[1]) gemacht. Für die Detailliertheit der Angaben ist eine Unterscheidung zwischen *Archivierung* und *Publikation* wichtig. In einem Transkript, das zur Archivierung bestimmt ist, werden folgende Informationen im Transkriptionskopf notiert: Herkunft (Projektzugehörigkeit), Aufnahmetag, Dauer der Aufnahme, Name[2] des Aufnehmenden und des

---

1 URL: http://www.teachsam.de/deutsch/d_lingu/gespraechsanalyse/gespraech_9_4_2_0.htm (Abfrage: 26.01.2011)

2 Aus forschungsethischen Gründen sollten Namen, Bezeichnungen und Eigenschaften, die eine

Transkribierenden, kurze Charakterisierung der Situation, der Teilnehmerrollen, der Sprechenden, des Gesprächsverlaufs und sonstige Informationen wie z.B. Dialektisierungsgrad. In einem zur Publikation bestimmten Transkript werden im Transkriptionskopf weniger ausführliche Informationen aufgelistet: Name des Transkripts und Autor, Gesprächstyp, Anfangs- und Endzeiten des Ausschnitts, kurze Situationsbeschreibung in (( )) sowie Angaben über stimmliche oder sprachliche Besonderheiten (vgl. Bergmann et al. 2007[3]).

Für das Gesprächstranskript gibt es ebenfalls einige formale Vorgaben, die es einzuhalten gilt. Das Transkript stellt sprachliche und nichtsprachliche Handlungen in einer zeitlichen Abfolge dar, die Leserichtung von oben nach unten und von links nach rechts entspricht also dem zeitlichen Ablauf des Gesprächs. Dabei können auch Zeitwerte angegeben werden, diese stehen dann in { } links vor dem Transkriptionstext. Für das Transkript wird ein äquidistanter Schrifttyp, vorzugsweise Courier (10pt), ohne Tabulatoren verwendet, der Zeilenabstand beträgt 1,5. Generell wird alles im Transkript klein geschrieben, Großbuchstaben werden für Akzente[4] verwendet. Das Transkript wird in Segmente untergliedert, diese werden mit *01* beginnend durchnummeriert. Der Segmentnummer folgt nach drei Leerzeichen die Sprecherkennzeichnung, nach weiteren drei Leerstellen folgt der Transkripttext. Für die genauere Transkription von Prosodie, nonverbalen Phänomenen oder Übersetzungen können weitere, unnummerierte Zeilen unter die Textzeilen eingefügt werden. Um auf ein für die Analyse wichtiges Phänomen hinzuweisen, wird ein Pfeil (→[5]) verwendet (vgl. TeachSam[6] *und* Selting et al. 2009: 357f.).

Identifizierung beteiligter Personen ermöglichen, anonymisiert werden (vgl. Bergmann et al. 2007)

3   URL: http://paul.igl.uni-freiburg.de/gat-to/modul2/index.html (Abfrage: 26.01.2011)

4   Erläuterungen zu Akzenten siehe Kapitel 3.2.1.

5   Unicode Zeichen U+2192

6   URL: http://www.teachsam.de/deutsch/d_lingu/gespraechsanalyse/gespraech_9_4_2_2.htm (Abfrage: 26.01.2011)

5

3. Das Basistranskript

Mit dem Basistranskript wird die weniger differenzierte Version des Transkripts (also das Minimaltranskript) um prosodische Informationen erweitert.

Bevor es um die Prosodie im Einzelnen geht, sollen noch einige Konventionen, die sowohl für Minimal-, als auch für Basistranskripte gültig sind, aufgeführt und erläutert werden:

3.1 Konventionen für Minimal- und Basistranskripte

„In der Minimaltranskription werden der Wortlaut der Redebeiträge und deren Unterteilung in Segmente erfasst. Darüber hinaus werden Überlappungen, Verzögerungen, Pausen, Ein- und Ausatmen, Lachen und nonverbale Handlungen und Ereignisse sowie schwer- oder unverständliche Segmente notiert." (Selting et al. 2009: 359).

Für jedes Ereignis wurden bestimmte Zeichen festgelegt. Überlappungen (Simultansprechen) werden mit [   ] gekennzeichnet. Die eckigen Klammern werden an die jeweiligen Textstellen gesetzt, an denen eine Überlappung anfängt und endet. Die Klammerpaare werden untereinander ausgerichtet (vgl. Selting et al. 2009: 364). Verzögerungen sind sogenannte 'gefüllte Pausen', sie werden durch Signale wie *äh*, *öh*, *ähm*, etc. ausgedrückt (vgl. ebd.: 367). Je nach gefühlter oder gemesser Länge einer Pause werden folgende Zeichen verwendet: (.) Mikropause, (-) kurze, geschätzte Pause, (--) mittlere, geschätzte Pause, (---) längere, geschätzte Pause, (0.4) gemessene Pause von 0.4 Sekunden, längere Pausen werden in Sekunden angegeben (vgl. ebd.: 365f.). Das (hörbare) Ein- und Ausatmen wird ebenfalls je nach Dauer notiert. So wird ein kurzes Einatmen mit °h[7], ein kurzes Ausatmen mit h° gekennzeichnet, ein längeres Ein- oder Ausatmen mit entsprechender Anzahl von h (bis zu drei) (vgl.ebd.: 365). Lachen oder andere nonverbale Handlungen können auf unterschiedliche Art und Weise dargestellt werden: kürzeres und 'silbisches' Lachen wird entsprechend der Lachsilben mit *hahaha*, *hehe* oder *hihi* dargestellt. Wird das Lachen beschrieben, wird es so notiert: ((lacht)). Lachendes Sprechen wird mit vorangehender Beschreibung und Reichweite markiert: <<*lachend*> soo> (vgl. ebd.: 367).

---

7   Unicode Zeichen U+00B0 (Gradzeichen)

Durch *(   )* oder *(xxx xxx xxx)* werden Passagen, die unverständlich sind, gekenn-zeichnet, wobei mit jedem *xxx* eine unverständliche Silbe repräsentiert wird. Ein ver-muteter Wortlaut wird veranschaulicht, indem entsprechende Worte in Klammern ge-schrieben werden, so z.B. *(welche/solche)* oder *(also/alo)* (vgl. Selting et al. 2009: 369).

Generell orientiert sich ein Transkript an der Orthographie, d.h. „einer genormten Umsetzung der Lautsegmente in die Schrift" (ebd.: 360). Einige Phänomene wie 'Til-gungen' (z.B. *is* statt ist), 'Klitisierungen' (z.B. *biste* statt bist du; *sonne* oder *so_ne* statt so eine) oder 'Regionalismen' (z.B. *ick* statt ich; *weeßte* statt weißt du) gelten als Abweichung von der Standardorthographie und werden notiert (vgl. ebd.: 360ff.). „Abkürzungen und Buchstabierungen werden ausgeschrieben bzw. in Sprechsilben aufgelöst, weil nur so die Akzentuierung markiert werden kann", so z.B. schreibt man *ce: de: u:* statt CDU (ebd.: 363).

3.2 Die Erweiterung zum Basistranskript

Im Basistranskript werden neben den obigen Phänomenen bzw. Konventionen Ele-mente der Prosodie abgebildet. Zudem werden Konventionen für Phänomene wie schnellen Anschluss, Dehnung, Glottalverschluss und interpretierende Kommentare hinzugefügt (vgl. ebd.: 369).

3.2.1 Prosodie

„Prosodie wird verstanden als Oberbegriff für diejenigen suprasegmentalen Aspekte der Rede, die sich aus dem Zusammenspiel der akustischen Parameter Grundfrequenz (F0), Intensität und Dauer in silbengroßen oder größeren Domänen ergeben." (Selting et al. 2009: 370).

Dazu gehören Intonationsphrasen, Fokusakzente sowie Tonhöhenbewegungen. „Eine *Intonationsphrase* ist ein Äußerungsabschnitt, der genau eine Intonationskon-tur umfasst. Eine Äußerung kann aus einer oder mehreren Intonationsphrasen beste-hen." (Duden[8]). Die Gliederung eines Sprecherbeitrags in Intonationsphrasen ist aus-

---

8 URL: http://www.duden.de/deutsche_sprache/sprachwissen/audioangebot_zur_dudengrammatik/

schlaggebend für die Einteilung des Transkripts in Segmente. Durch einen Tonhöhenverlauf wird eine Intonationsphrase als eine zusammenhängende Einheit gestaltet, der intonationsphrasenfinale Tonhöhenverlauf nimmt dabei eine besondere Bedeutung ein (vgl. Selting et al. 2009: 370).

In Intonationsphrasen befinden sich für gewöhnlich akzentuierte und unakzentuierte Silben, mindestens aber eine Akzentsilbe. Abgesehen von einigen Ausnahmen (z.B. Kontrastakzentuierungen) fallen die Akzente in Intonationsphrasen im Normalfall auf die Wortbetonungssilben. Ein *Fokusakzent* ist der Akzent, der für die Bedeutung der entsprechenden Äußerung besonders wichtig ist und wird durch Großschreiben der jeweiligen Silbe gekennzeichnet (Bsp.: `die VIERziger generation`). Ein auffällig starker, hervorgehobener Akzent wird zu den Großbuchstaben mit Ausrufezeichen vor und nach der Akzentsilbe markiert (Bsp.: `!WA:HN!sinnig`). Die Lage des Fokusakzents in der Intonationsphrase wirkt sich auf die semantische Bedeutung der Äußerung aus, d.h. sie legt eine Bedeutung und Interpretation der Äußerung nahe (vgl. ebd.: 371f.).

„Unter *Tonhöhenbewegung* kann man sich das vorstellen, was wir umgangssprachlich auch als Sprechmelodie bezeichnen." (Bergmann et al. 2007[9]). Selting et al. (2009: 373) erklären, dass die „Bezugseinheit für die Notation der Tonhöhenbewegung im Basistranskript [...] die letzte Tonhöhenbewegung der Intonationsphrase [ist], [und dass] jede vollständige Intonationsphrase deshalb mit einem Zeichen für ihre letzte Tonhöhenbewegung versehen [wird]." Die Tonhöhenbewegungen werden folgendermaßen transkribiert: ein Fragezeichen (?) steht für hoch steigend, ein Komma (,) für steigend, ein langer Gedankenstrich (–[10]) für gleichbleibend, ein Semikolon (;) für fallend und ein Punkt (.) für tief fallend. Das jeweilige Zeichen steht ohne Leerstelle direkt hinter der Intonationsphrase (vgl. Selting et al. 2009: 373).

3.2.2 Sonstige Konventionen für das Basistranskript

Zusätzlich zu den in Kapitel 3.1 besprochenen Konventionen werden im Basistranskript Phänomene wie schnelle Anschlüsse, Dehnungen, Glottalverschlüsse und in-

---

D4_Intonation_128_Tonzuweisung.php (Abfrage: 26.01.2011)

9   URL: http://paul.igl.uni-freiburg.de/gat-to/modul6/index.html

10 Unicode Zeichen U+2013

terpretierende Kommentare visualisiert.

Schnelle, unmittelbare Anschlüsse neuer Intonationsphrasen (*latching*) desselben oder eines anderen Sprechers werden durch Gleichheitszeichen (=) am Ende der vorangehenden und am Anfang der folgenden Intonationsphrase markiert. Dehnungen werden je nach Länge mit einer entsprechenden Anzahl an Doppelpunkten (:) gekennzeichnet, dabei gilt: je länger die Dehnung, desto mehr Doppelpunkte (Bsp.: `so:` / `u::nd` / `so:::`). Ein Abbruch oder Ansatz mit Glottalverschluss wird durch `?`[11] dargestellt. Interpretierende Kommentare werden wie beim Lachen mit Angabe der Reichweite transkribiert: so z.B. <<*empört*>...> oder <<*erstaunt*>....> (vgl. Selting et al. 2009: 376).

4. Ein Anwendungsbeispiel

Name des Transkripts: Ausschnitt aus Kurt Krömer – Na du alte Kackbratze
Gesprächstyp: (Monolog) Stand-up-Comedy
Anfangs- und Endzeiten: 00:00-01:21 Min.
Kurze Situationsbeschreibung: Krömer spricht vor Publikum, oftmals lautes Lachen im Hintergrund, teilweise Redeunterbrechungen aufgrund des Lachens.
Stimmliche/ sprachliche Besonderheiten: Berliner Schnauze


```
01   Krö   ja ick hatte ja letztens BEsuch jeHABT?
02         (.) ä:h aus KÖLN wa:?=
03         =und die ham misch jeFRAGT
04         mensch KRÖmer,
05         kannste uns nich mal n bisschen deine STADT zei:jen=
06         =u::nd ick hab natürlich SOfort dieset
07         touristenverARSCHungsprogramm abjezogen
08         (2.0)
09         mit alle vier männeken in son BUS rein wa:?
10         ick hinten wieda RAUS,
11         TÜR zu-
12         (1.5)
```

---

11 Unicode Zeichen U+0294

```
13     da warn die erstma VIER stunden on the rod-
14     (3.5)
15     ja und denn ham wa uns halt noch n bisschen BERlin hier
16     anjekiekt wa:,=
17     =brandenburger TOR fernsehnturm halli hallo pipapo::=
18     =eben die janze ROTze da herunterjespult
19     (1.5)
20     öhm KAFfee trinken und so=
21     =ham DIENSTleistung genossen IN berlin (.)
22     hehehe:
23     (2.0)
24     kannst=ma: LANge suchn ey
25     (2.0)
26     dann als=ick zu HAUse wa=
27     =wa die jeschischte die ÜBAschrift ooch schon sonnenkla:r, (-)
28     die JEschischte heißt-
29     WIR berlina: sind ja quasi die erFINder der FREUNDlischkeit
30     (2.0)
31     gerade wat die verKÄUfer berlins betrifft sind wir ja KAUM
32     zu toppn.
33     (1.0)
34     mir fällt imma auf wenn ick aus andern STÄDten zurück nach
35     BERlin komme- (-)
36     und dann zum beispiel bei MIR am u bahnhof hermannplatz
37     aussteige:- =
38     =und wenn ick dann dort schon den SMARten be: vau ge: di: jay
39     an sein PULT stehn sehe-
40     (2.0)
41     der da mit SANfter stimme MEIN absolutn lieblingssatz ins
42     mirkrofon haucht
43     (1.0)
44     <<schreiend> mit den FAHRrad !NISCH! in erstn WA:gn>
45     (5.0)
46     JA dann weiß ick ick bin wieda zu HAUse
47     (3.5)
```

Literaturverzeichnis

SELTING, M./ AUER, P./ BARTH-WEINGARTEN, D./ BERGMANN, J./ BERGMANN, P./ BIRKNER, K./ COUPER-KUHLEN, E./ DEPPERMANN, A./ GILLES, P./ GÜNTHNER, S./ HARTUNG, M./ KERN, F./ MERTZLUFFT, C./ MEYER, C./ MOREK, M./ OBERZAUCHER, F./ PETERS, J./ QUASTHOFF, U./ SCHÜTTE, W./ STUKENBROCK, A./ UHMANN, S. (2009): „Gesprächsanalytisches Transkriptionssystem 2 (GAT 2)": *Gesprächsforschung – Online -Zeitschrift zur verbalen Interaktion:* 353-402.

Internetquellen:

BERGMANN, P./ MERTZLUFFT, C./ HELD, U. (Stand: 2007): *GAT-TO Thema 2: Allgemeiner Aufbau eines Transkripts.* URL: http://paul.igl.uni-freiburg.de/gat-to/modul2/ index.html (Abfrage: 26.01.2011).

dies. (Stand: 2007): *GAT-TO Thema 6: Verschriftlichung von Prosodie.* URL: http://paul.igl.uni-freiburg.de/gat-to/modul6/index.html (Abfrage: 26.01.2011).

Duden (Stand: 2011): *Tonzuweisung.* URL: http://www.duden.de/deutsche_sprache/ sprachwissen/audioangebot_zur_dudengrammatik/D4_Intonation_128_Tonzuweisung.php (Abfrage: 26.01.2011).

SELTING, M./ AUER, P./ BARDEN, B./ BERGMANN, J./ COUPER-KUHLEN, E./ GÜNTHNER, S./ MEIER, C./ QUASTHOFF, U./ SCHLOBINSKI, P./ UHMANN, S. (1998): *Gesprächsanalytisches Transkriptionssystem (GAT)* URL: http://www.mediensprache.net/de/medienanalyse/ transcription/gat/gat.pdf (Abfrage: 25.01.2011).

TeachSam (Stand: 2011): *Aufbau eines Transkripts – Überblick.* URL: http://www. teachsam.de/deutsch/d_lingu/gespraechsanalyse/gespraech_9_4_2_0.htm (Abfrage: 26.01.2011).